AF278290

nadie puede saber cómo es la noche

Xisco Mensua

umbra

L'ésser humà viu la seua vida diària amb la brillantor d'una llum de la qual no se n'adona fins que aquesta s'apaga. Si s'apaga, llavors la vida és desposseïda sobtadament de qualsevol valor, sentit, o com hom vulga dir-li. Hom s'adona de sobte que per si mateixa la mera existència —diríem— encara està completament buida, deserta. És com si s'esborrés la lluïssor de totes les coses, tot està mort. Açò succeeix de vegades, per exemple, després d'una malaltia —però no per aquesta raó és, naturalment, menys real o menys important, és a dir, no per això es pot solucionar arronsant-se d'espatlles. Llavors hom està mort en vida. O més encara: això és l'autèntica mort que caldrà témer, perquè el pur "final de la vida" no és viscut (com he escrit amb tota raó). Però el que ara he escrit ací tampoc no és tota la veritat.

El ser humano vive su vida diaria con el brillo de una luz de la que no se da cuenta hasta que se apaga. Si se apaga, entonces la vida es desposeída de repente de todo valor, sentido, o como quiera decirse. Uno se da cuenta de repente que por sí misma la mera existencia —diríamos— está aún completamente vacía, desierta. Es como si se borrara el brillo de todas las cosas, todo está muerto. Esto sucede a veces por ejemplo tras una enfermedad —pero no por eso naturalmente es menos real o menos importante, es decir, no por eso puede solucionarse con un encogimiento de hombros. Entonces uno está muerto en vida. O más aún: eso es la auténtica muerte que hay que temer, porque el mero "final de la vida" no se vive (como he escrito con toda razón). Pero lo que ahora he escrito aquí, tampoco es toda la verdad.

/ Ludwig Wittgenstein
Wien, 1889 - Cambridge, 1951

Dispongo aquí unos grupos de palabras.

No aspiro únicamente
a decorar con inservibles gestos
el yerto mausoleo de los días
idos, abandonados para siempre como
las salas de un confuso palacio que fue nuestro,
al que ya nunca volveremos.

Que esas palabras,
en su inutilidad

—lo mismo que las rosas enterradas
con un cuerpo querido
que ya no puede verlas ni gozar de su aroma—
sean al menos,

cuando el paso del tiempo las marchite
y su sentido oscuro se deshaga o se ignore,

eterno —si eso fuese posible— testimonio,

no del perdido bien que rememoran;

tampoco de la mano
—borrada ya en la sombra—
que hoy las deja en la sombra,

sino de la piedad que la ha movido.

/ Ángel González
Oviedo 1925 - Madrid 2008

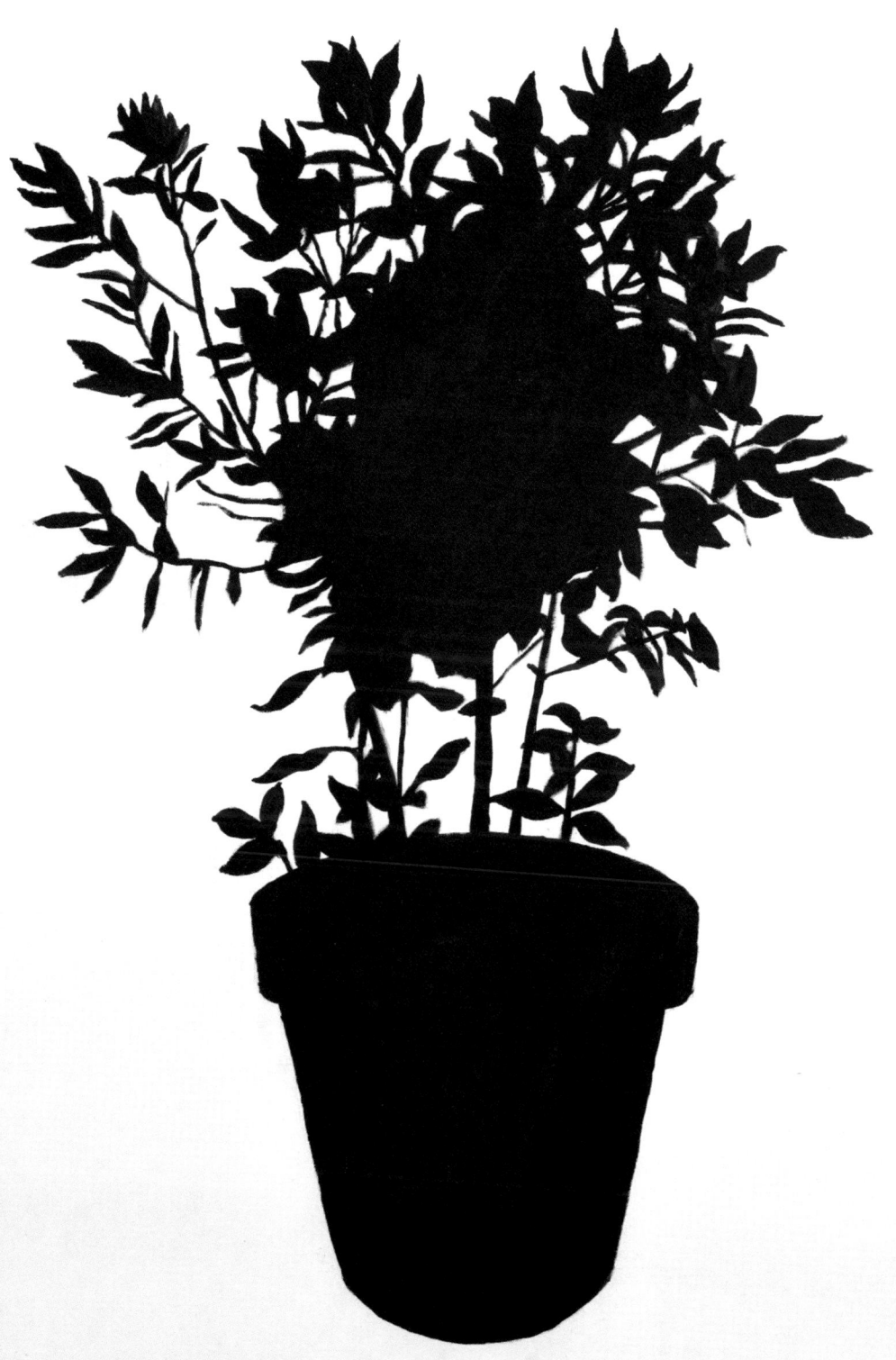

Descaminados estamos y sin sueños. Pero siempre queda una vela que baila en nuestra mano.
Así la sombra en la que entramos es nuestro sueño futuro menguado sin cesar.   René Char *La muralla de ramitas*

Las rosas de papel no son verdad
y queman
lo mismo que una frente pensativa
o el tacto de una lámina de hielo.

Las rosas de papel son, en verdad,
demasiado encendidas para el pecho.

X.21 〔1〕〔2〕〔3〕〔4〕   'Canción final' Jaime Gil de Biedma

1.

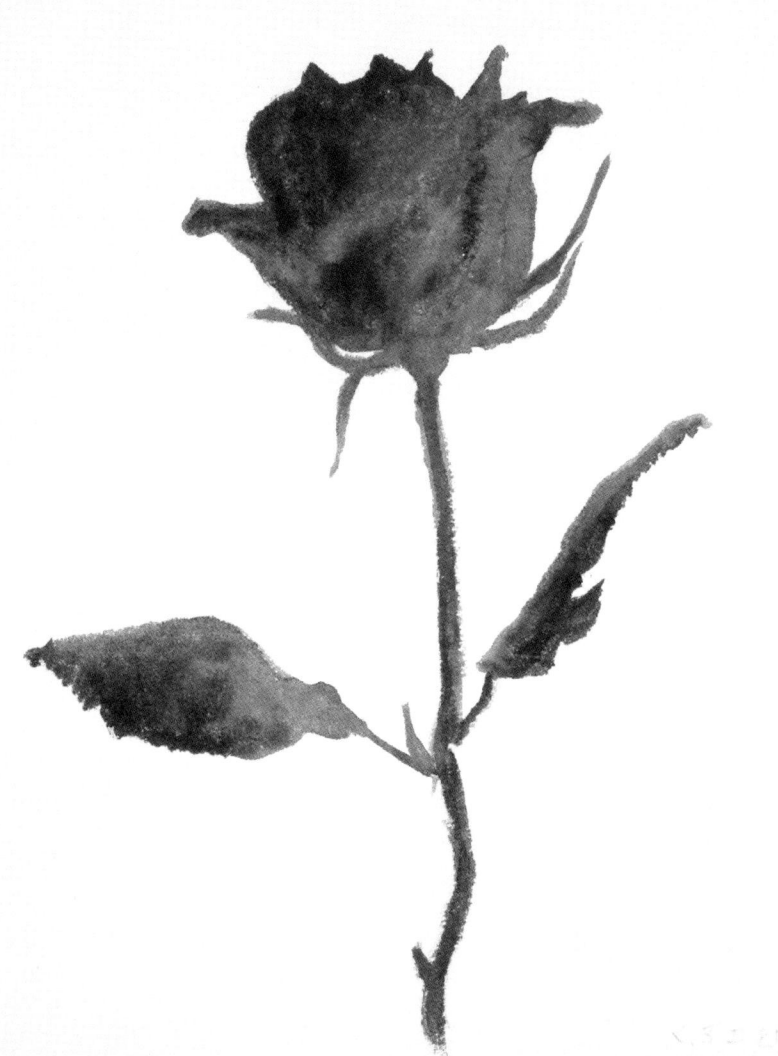

2

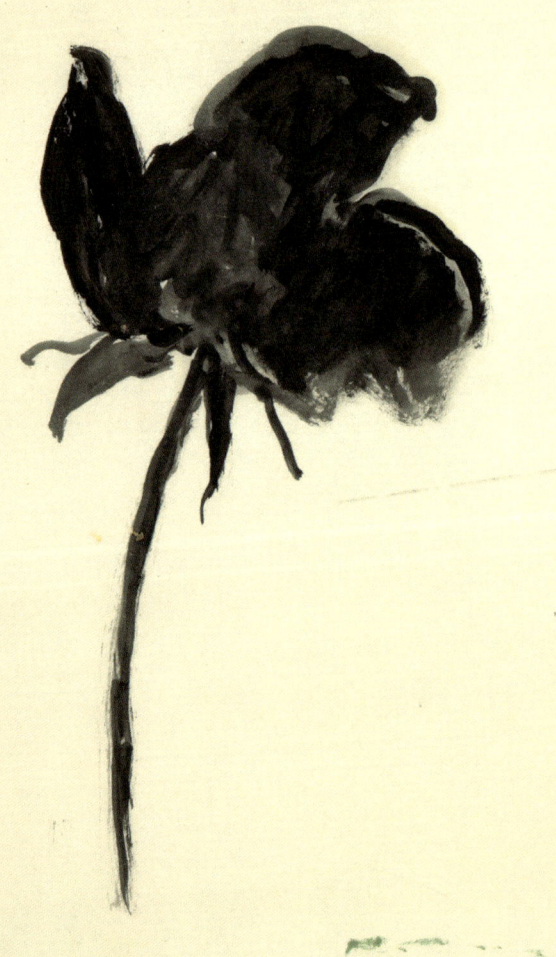

3.

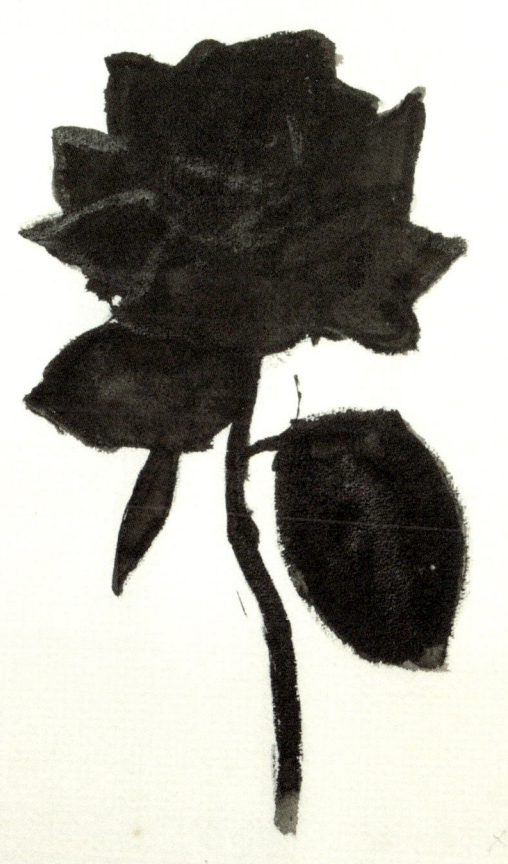

4.

Rêve sans fin ni trêve à rien

La nit del 22 de març de 1897, pocs dies abans de l'inici del mes més cruel, Anton Txèkhov patí un sobtat i inesperat atac d'hemoptisi. La seua germana va visitar-lo a l'hospital els darrers dies d'aquell mes. Tal com diu Carver, que va llegir les seues memòries, Maria Txèkhov posa la seua mirada en una taula on —entre ampolles de xampany, pots de caviar i flors enviades amb bons desitjos pels seus amics— destacava un dibuix dels pulmons de l'escriptor fet pel metge. Dibuixat amb el propòsit d'explicar-li l'abast del seu mal al pacient, Maria endevinà que les zones afectades eren les meitats superiors acolorides de roig. Des d'aquella primera crisi quedà palesa la severitat de la malaltia.

Wittgenstein anotà en un dels seus diaris que, de vegades, potser després d'haver estat malalt (tal vegada per un amor acabat, també per una amistat trencada), apagat l'ànim que il·lumina la nostra vida diària, el nostre viure sembla no tenir sentit, mancat de valor, desèrtic; desvinculat del món i del seu encís. Llavors els gèlids esguards que fem sobre els objectes que l'habiten ens són tornats sense temperar-ne la fredor, incapaços d'escalfar aquell lloc on vivim per tal de no gelar-nos amb el seu contacte. Aqueixa és la mort en vida i aqueixa absència d'espenta és la veritable mort que cal témer.

La noche del 22 de marzo de 1897, pocos días antes del comienzo del mes más cruel, Antón Chéjov sufrió un súbito e inesperado ataque de hemoptisis. Su hermana lo visitó en el hospital los últimos días de aquel mes. Al decir de Carver, que leyó sus memorias, María Chéjov se fijó en una mesa donde —entre botellas de champán, tarros de caviar y flores enviadas con buenos deseos por sus amigos— destacaba un dibujo de los pulmones del escritor hecho por el médico. Dibujado con el propósito de explicarle el alcance de su dolencia al paciente, María adivinó que las zonas afectadas eran las mitades superiores coloreadas de rojo. Desde aquella primera crisis fue patente lo severo de la enfermedad.

Wittgenstein anotó en uno de sus diarios que, en ocasiones, pudiera ser tras una enfermedad (quizá tras un amor truncado, también una amistad rota), apagado el ánimo que ilumina nuestra vida diaria, nuestro vivir se muestra sin sentido, carente de valor, desértico; desvinculado del mundo y su encanto. Entonces las gélidas miradas que arrojamos sobre los objetos que lo pueblan nos son devueltas sin templar su frialdad, ya no son capaces de caldear la estancia que habitamos para no helarnos con su trato. Esa es la muerte en vida y esa ausencia de hálito es la auténtica muerte que debe temerse.

El cos sap coses que la consciència no sap. Per exemple, la gravetat del mal que pateix. I Txèkhov ho sabia. Tanmateix, des d'aquelles ampolles damunt la desordenada taula d'hospital, fins l'última copa de xampany oferta set anys desprès pel doctor Schwöhrer en el balneari de Badenweiler pocs minuts abans de la seua mort, Txèkhov continuà a escriure. Va viure dedicat a la literatura, tot conreant les seues amistats... afermant la vida enfront del mal que havia d'abatre'l. Fins i tot tingué una relació apassionada amb l'actriu Olga Knipper, que havia conegut en 1898. Es casaren tres anys abans de la seua mort en 1904. Com diu Carver, Olga es sorprenia que, quan parlava de la seua malaltia, l'autor de *El jardí dels cirerers* —la darrera obra que va escriure— ho fera amb "una *quasi* irreflexiva indiferència"; "quasi", és a dir, no totalment indiferent. En qualsevol cas, viu fins morir, com ho desitjà i ho deixà escrit als seus papers pòstums Paul Ricœur.

Allò que ens angoixa és l'anticipació de l'agonia, aqueix és el cor de la por a la mort. La batalla del filòsof fou amb i contra la imatge anticipada d'aquell cos mort que havia de ser per als que li sobrevisqueren en el futur. Ja que el moribund és aquell donat per mort per qui l'observa, i així es considera ell mateix si així es representa; mentre qui agonitza encara es considera viu i s'aferma a la vida fent servir les minvades forces que li queden. No la derrota, sinó tenir-se per vençut és el que contradiu "la fam de viure acolorida per una certa despreocupació que jo anomene *joia*".

El cuerpo sabe cosas que la conciencia no sabe. Por ejemplo, la gravedad del daño que sufre. Y Chéjov lo sabía. Sin embargo, desde aquellas botellas en la desordenada mesa hospitalaria, hasta la última copa de champán ofrecida siete años después por el doctor Schwöhrer en el balneario de Badenweiler pocos minutos antes de su muerte, Chéjov siguió escribiendo. Vivió dedicado a la literatura, cultivando sus amistades... afirmando la vida frente al daño que debía abatirle. Incluso tuvo un romance apasionado con la actriz Olga Knipper, a quien había conocido en 1898. Se casaron tres años antes de su muerte en 1904. Al decir de Carver, a Olga le asombraba que, al hablar de su enfermedad, el autor de *El jardín de los cerezos* —la última obra que escribió— lo hiciera con "una *casi* irreflexiva indiferencia"; "casi", es decir, no totalmente indiferente. Vivo hasta morir, en cualquier caso, como quiso y dejó escrito en sus papeles póstumos Paul Ricœur.

Lo angustioso es la anticipación de la agonía, ese es el corazón del miedo a la muerte. La batalla del filósofo fue con y contra la imagen anticipada de ese muerto que sería para los que le sobrevivieran en el futuro. Pues el moribundo es el dado de antemano por muerto por quienes le observan, y así se considera él mismo si así se representa; mientras que el que agoniza aún se concibe vivo y se afirma en la vida movilizando la menguada fuerza que le resta. No la derrota, sino el venir rendido es lo que contradice "el hambre de vivir coloreada por cierta despreocupación que llamo *alegría*".

En un quadre dedicat a salvar un llorer agonitzant en un test al terrat de casa seua, Xisco Mensua pintà de negre sobre un fons blanc la silueta de les seues branques i les seues fulles mentre encara lluitaven. Però ben aviat la mirada s'abisma absorbida per l'enigma d'un buit fosc indiferenciat al bell mig de la planta. En el límit inferior del llenç va copiar un text de René Char: "Anem descaminats i sense somnis. Però sempre queda una espelma que balla a la nostra mà. Així l'ombra on entrem és el nostre somni futur que no deixa de minvar". Una *quasi* irreflexiva *indiferència*, una voluntat de vida tenyida per *una certa despreocupació*, una ombra incerta on efectivament ens endinsem, però *sempre queda*, encara que minvant sense remei, un somni. En un dels fulls que formen el políptic *Nocturno* Xisco pintà uns versos de Samuel Beckett de difícil traducció, *rêve / sans fin / ni trêve / à rien*. Alguna cosa com *somni / sense fi / ni treva / a res*; o, també, *somni / sense fi / sense cap treva*; o potser podríem dir *somni / sense fi / ni inútil treva*… o tot alhora.

En un cuadro dedicado a salvar un laurel agonizante en una maceta de la terraza de su casa, Xisco Mensua pintó en negro sobre un fondo blanco la silueta de sus ramas y hojas en lucha. Pero pronto la mirada se abisma absorbida por el enigma de una oquedad oscura indistinta en el centro de la planta. En el linde inferior del lienzo copió un texto de René Char: "Descaminados estamos y sin sueños. Pero siempre queda una vela que baila en nuestra mano. Así la sombra en la que entramos es nuestro sueño futuro menguado sin cesar". Una *casi* irreflexiva *indiferencia*, una voluntad de vida tintada por *una cierta despreocupación*, una sombra incierta en la que nos adentramos sí, pero *siempre queda*, ya sea menguado sin cesar, un sueño. En una de las hojas que componen el políptico *Nocturno* Xisco pintó unos versos de Samuel Beckett de difícil traducción, *rêve / sans fin / ni trêve / à rien*. Algo así como *sueño / sin fin / ni tregua / en nada*; o también *sueño / sin fin / sin tregua alguna*; o quizá pudiera decirse *sueño / sin fin / ni inútil tregua*… o todo ello a la vez.

Quan el doctor Schwöhrer demanà amb urgència l'ampolla i tres copes, Olga Knipper allargà la copa de Moët al seu marit. Txèkhov murmurà amb plaer "... feia tant de temps que no bevia xampany". Després traspassà. Wittgenstein i Txèkhov pensaven que un etern sobreviure no resolia l'enigma, que una vida eterna era tan enigmàtica com la present. En l'últim full del políptic *Nocturno* podem veure, entre altres dibuixos, el d'una mà que no participa del sentit d'aquella altra que acolorira en la clínica el dibuix dels pulmons de l'escriptor. Quan qualsevol sentit s'ignora o es desfà, l'enigma és la mà que s'entesta a disposar grups de paraules o imatges per tal d'escurar la vida vivint-la. L'enigma és la pietat que anima aqueixa mà quan ningú no pot saber com és la nit.

Cuando el doctor Schwöhrer ordenó urgentemente la botella y tres copas, Olga Knipper tendió la copa de Moët a su marido. Chéjov murmuró con deleite "... hacía tanto tiempo que no bebía champán". Después, murió. Wittgenstein y Chéjov pensaban que un eterno sobrevivir no resolvía el enigma, que una vida eterna era tan enigmática como la presente. En la última hoja del políptico *Nocturno* podemos ver entre otros dibujos el de una mano que no participa del sentido de aquella otra que en la clínica coloreara el dibujo de los pulmones del escritor. Cuando todo sentido se ignora o se deshace, el enigma es la mano que se empeña en disponer grupos de palabras o imágenes para apurar la vida viviéndola. El enigma es la piedad que anima esa mano cuando nadie puede saber cómo es la noche.

/ Nicolás Sánchez Durá

Ludwig Wittgenstein (2004), *Movimientos del pensar*, València: Pre-Textos, pp. 119-120 [199].
Ángel González (1977), *Muestra, corregida y aumentada, de algunos procedimientos narrativos y de las actitudes sentimentales que habitualmente comportan*, Madrid: Turner, pp. 9-10.

April is the c

uelest month

T.S. Eliot / The Waste Land

A las parcas

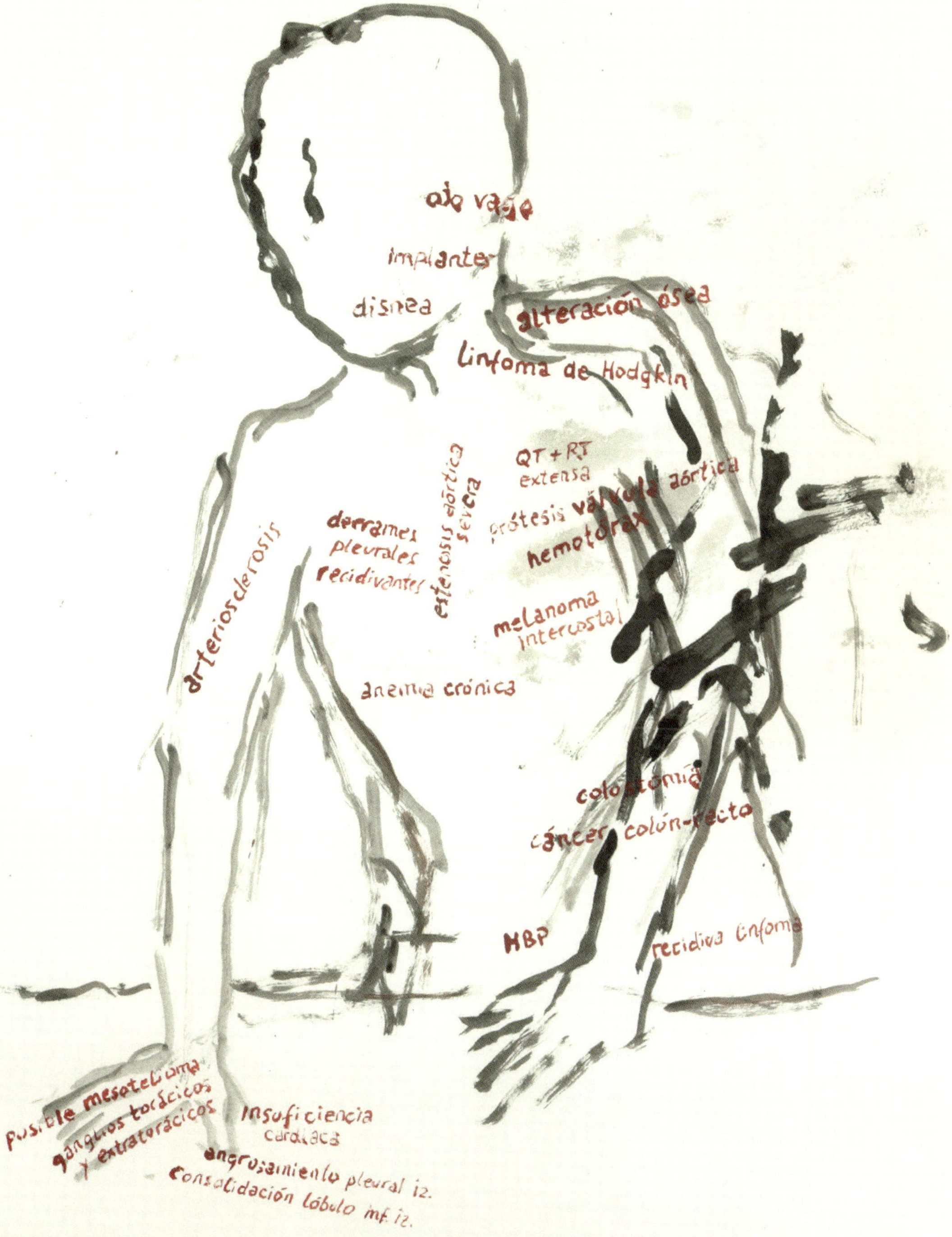

ojo vago
implante
disnea
alteración ósea
linfoma de Hodgkin
QT + RT
extensa
estenosis aórtica
severa
prótesis válvula aórtica
hemotórax
derrames
pleurales
recidivantes
arterioesclerosis
melanoma
intercostal
anemia crónica
colostomía
cáncer colón-recto
HBP
recidiva linfoma
posible mesotelioma
ganglios torácicos
y extratorácicos
insuficiencia
cardiaca
engrosamiento pleural iz.
consolidación lóbulo inf. iz.

¡Un verano tan sólo regaladme impetuosas!
Y un otoño que me madure el canto,
que así más entregado y más repleto
de la música dulce, el corazón se muera.

El alma, que no usó en vida su divino
derecho, aun en el Orco vagará sin descanso,
mas si un día el elemento más sagrado y el más
cercano al corazón, mi poema, es logrado,

¡bienvenido el silencio del mundo de las sombras!,
contento yo estaré aun cuando mi lira
no me siga allá abajo; ya una vez
viví igual que los dioses y más no necesito.

A las Parcas, Friedrich Hölderlin

En floreced mientras,
Poesía del Romanticismo alemán

Edición bilingüe de Juan A. García Román

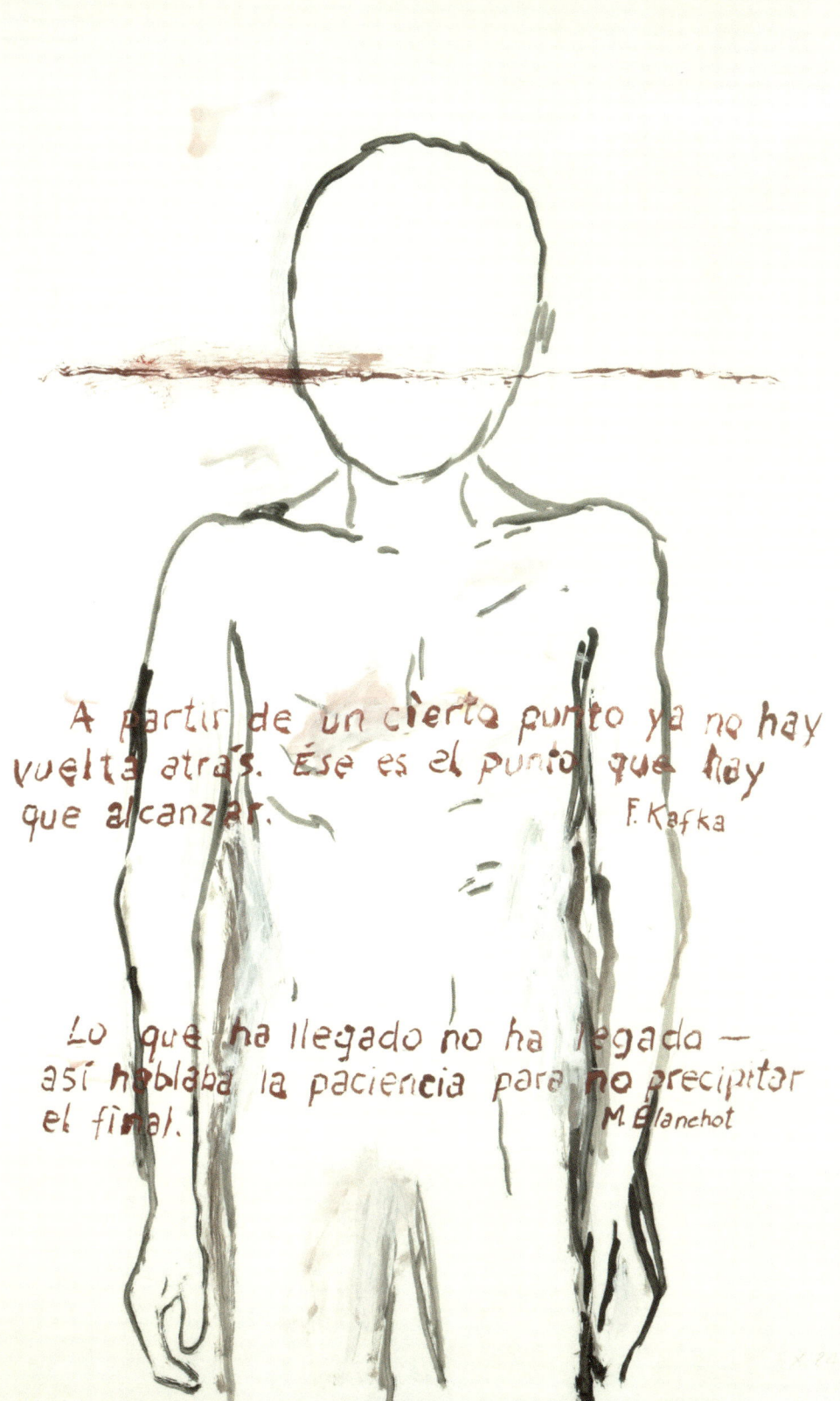

A partir de un cierto punto ya no hay
vuelta atrás. Ése es el punto que hay
que alcanzar.   F. Kafka

Lo que ha llegado no ha llegado —
así hablaba la paciencia para no precipitar
el final.   M. Blanchot

Diarios, abril 2024

El entierro de los Muertos

I

Abril es el mes más cruel, engendrando
lilas de la tierra muerta, mezclando
memoria y deseo, removiendo
raíces muertas con lluvias primaverales.
Nos calentó el invierno, cubriendo
la tierra con olvidadiza nieve, alimentando
una pequeña vida con tubérculos secos.
Nos sorprendió el verano, llegando sobre el Starnbergersee
con un chubasco; nos detuvimos en la columnata
y seguimos, fuera, entre la luz del sol, hacia el Hofgarten,
y tomamos café y charlamos por una hora.
Bin gar keine Russin, stamm aus Litauen, echt deutsch,
y cuando éramos niños, estando en casa del archiduque,
mi primo, el me llevó en su trineo,
y tuve miedo. El me dijo Marie,
Marie, agárrate fuerte. Y allá bajamos.
En las montañas allí te sientes libre.
Leo la mayor parte de la noche, y en el invierno voy al sur.

Rocafort 11·IV·24   11h.

¿A dónde te escondiste, / Amado, y me dejaste con gemido? /
Como el ciervo huiste, / habiéndome herido; / salí tras de ti clamando
y eras ido.

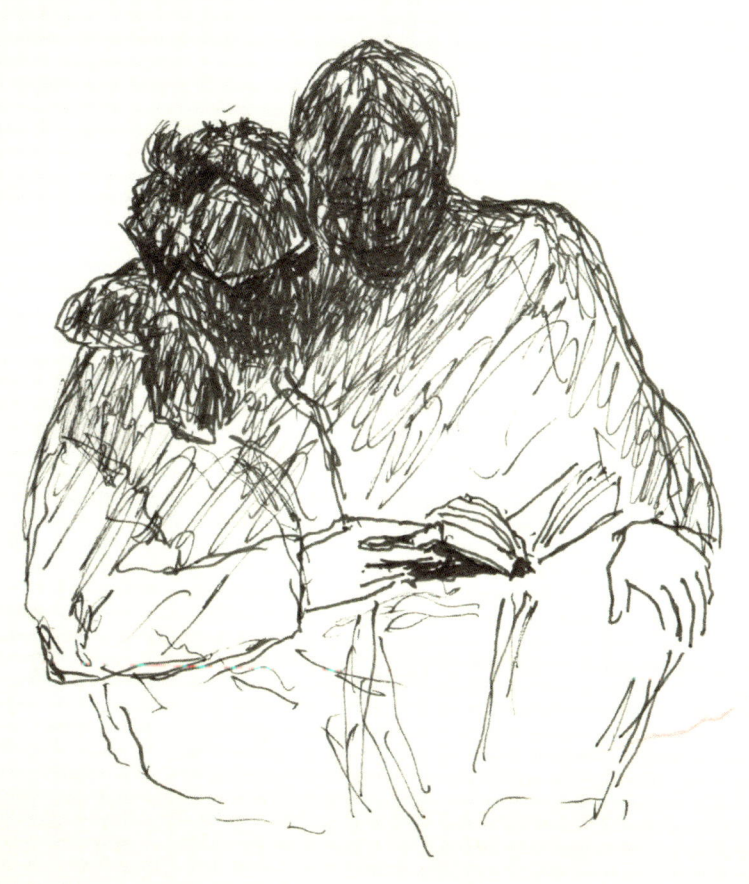

Lo que debe vivir inmortalmente en
el canto, debe en la vida perecer.

Schiller

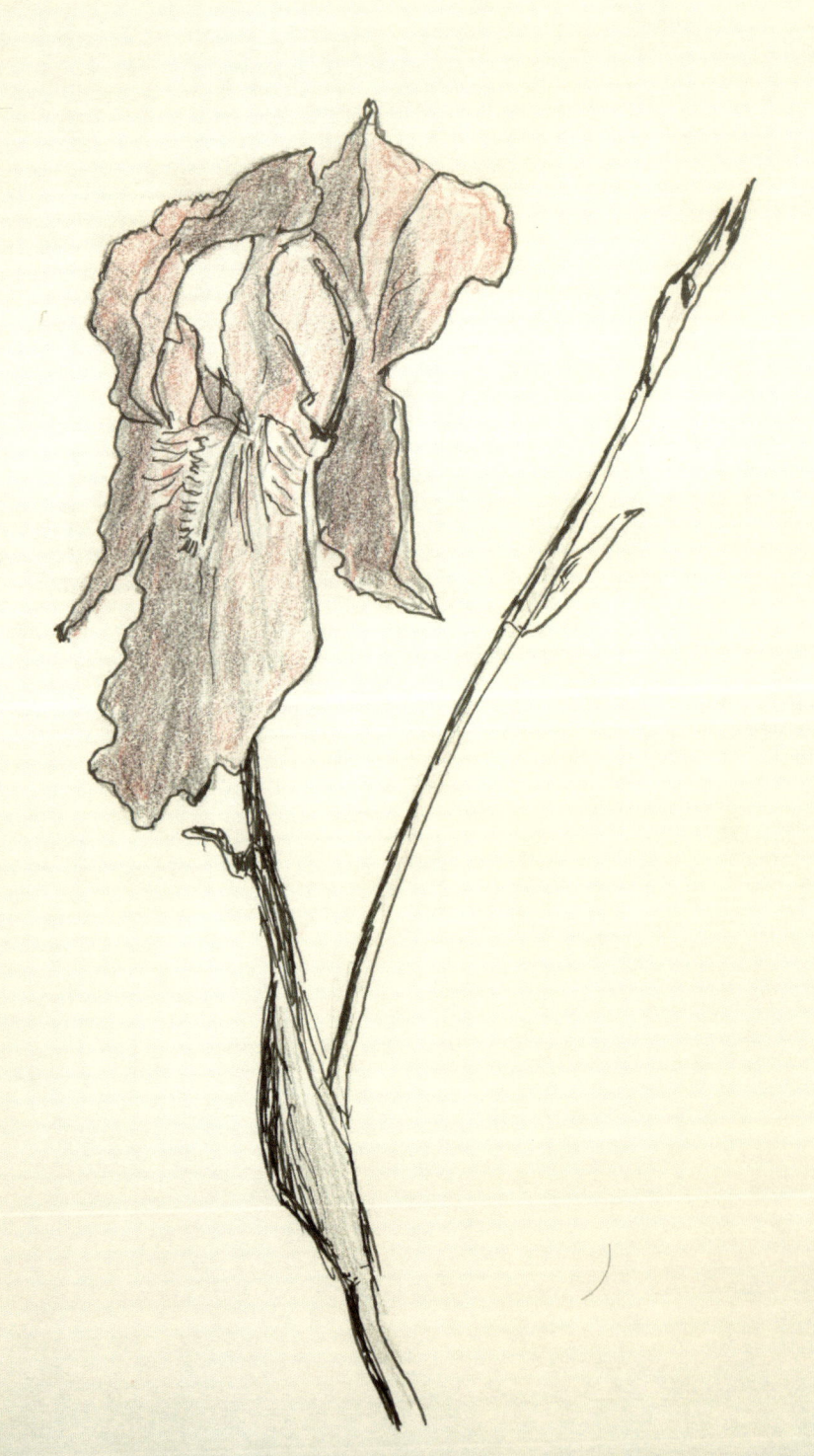

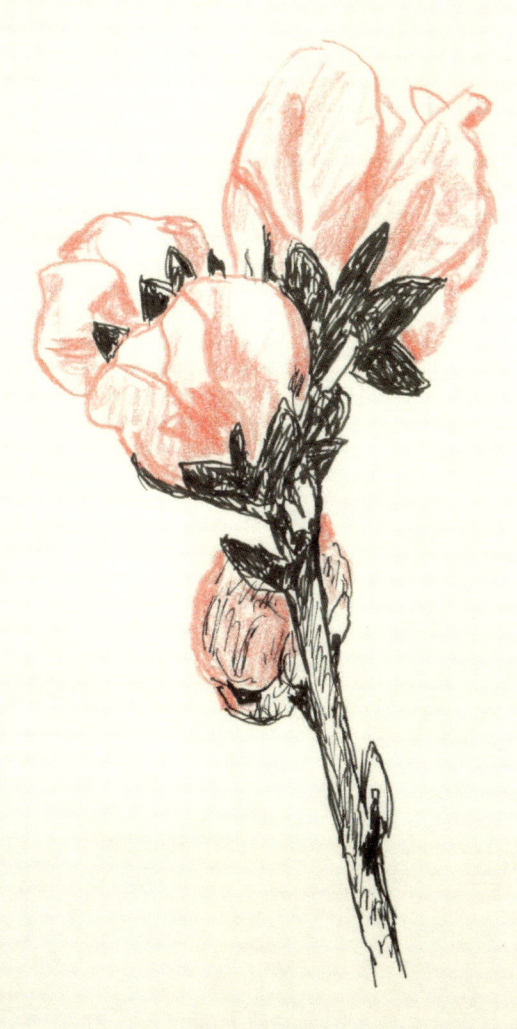

X...Rocafort 7·IV·24

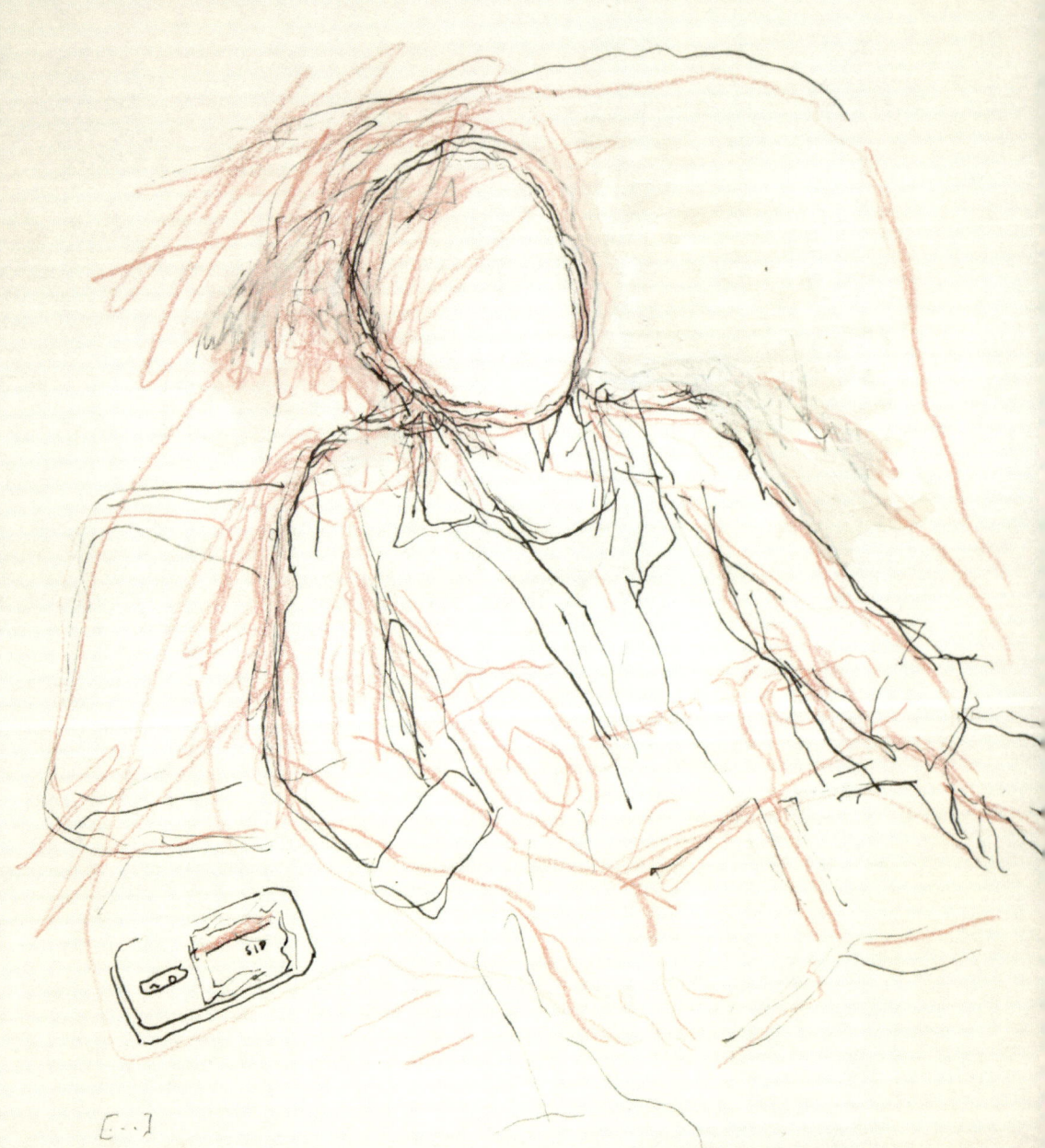

[...]

¿Cuáles son la raíces que agarran, qué ramas crecen
Fuera de este pedregoso desperdicio? Hijo del hombre
Tú no puedes decir o adivinar, porque tú sólo conoces
Un puñado de imágenes rotas, donde golpea el sol [...]

T. S. ELIOT *La Tierra Baldía*

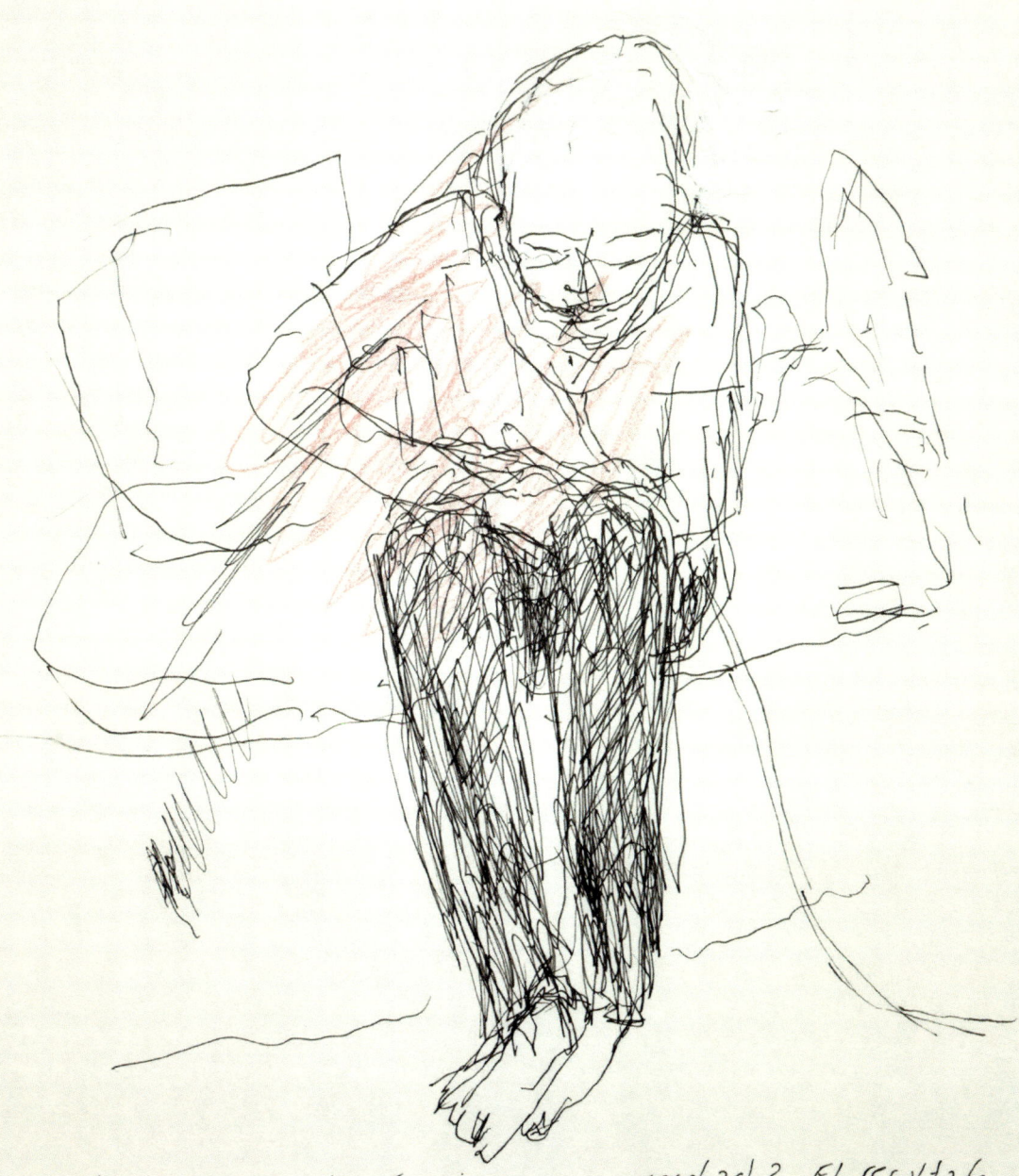

¿Cómo hablar de sí mismo con verdad? El resultado
cuenta, pero mucho más la intención, el rigor con que es
acosada, la lucha pertinaz, astuta, metódica, inspirada, lucha
sin fin y sin esperanza para establecer entre sí mismo y sí
mismo una relación de verdad... Maurice Blanchot comenta un ensayo

Nocturno

in girum
imus nocte
et consumimur
igni

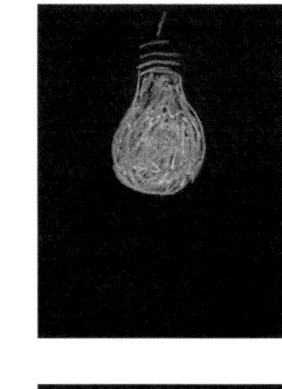

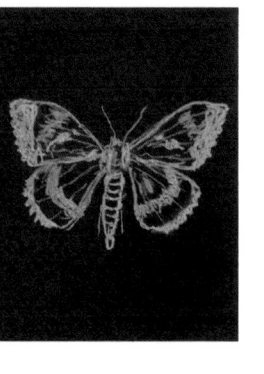

insomni

SONÁMBULOS

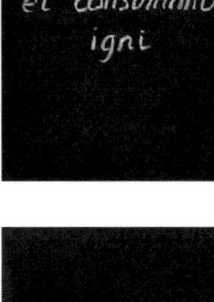

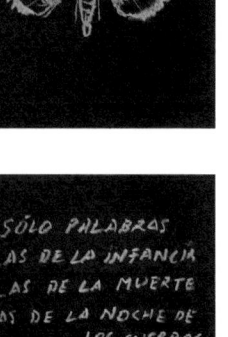

SÓLO PALABRAS
LAS DE LA INFANCIA
LAS DE LA MUERTE
LAS DE LA NOCHE DE
LOS CUERPOS

Alejandra Pizarnik

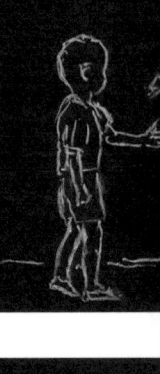

filae acediae
    malitia
    rancor
    pusillanimitas
    desperatio
    torpor
  evagatio mentis
    verbositas
instabilitas loci vel propositi
  importunitas mentis

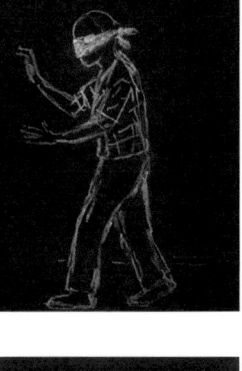

rêve
sans fin
ni trêve
à rien

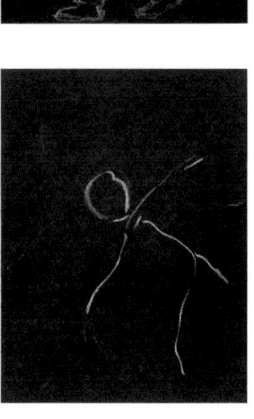

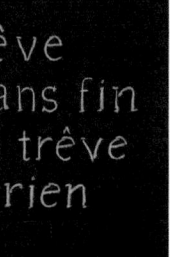

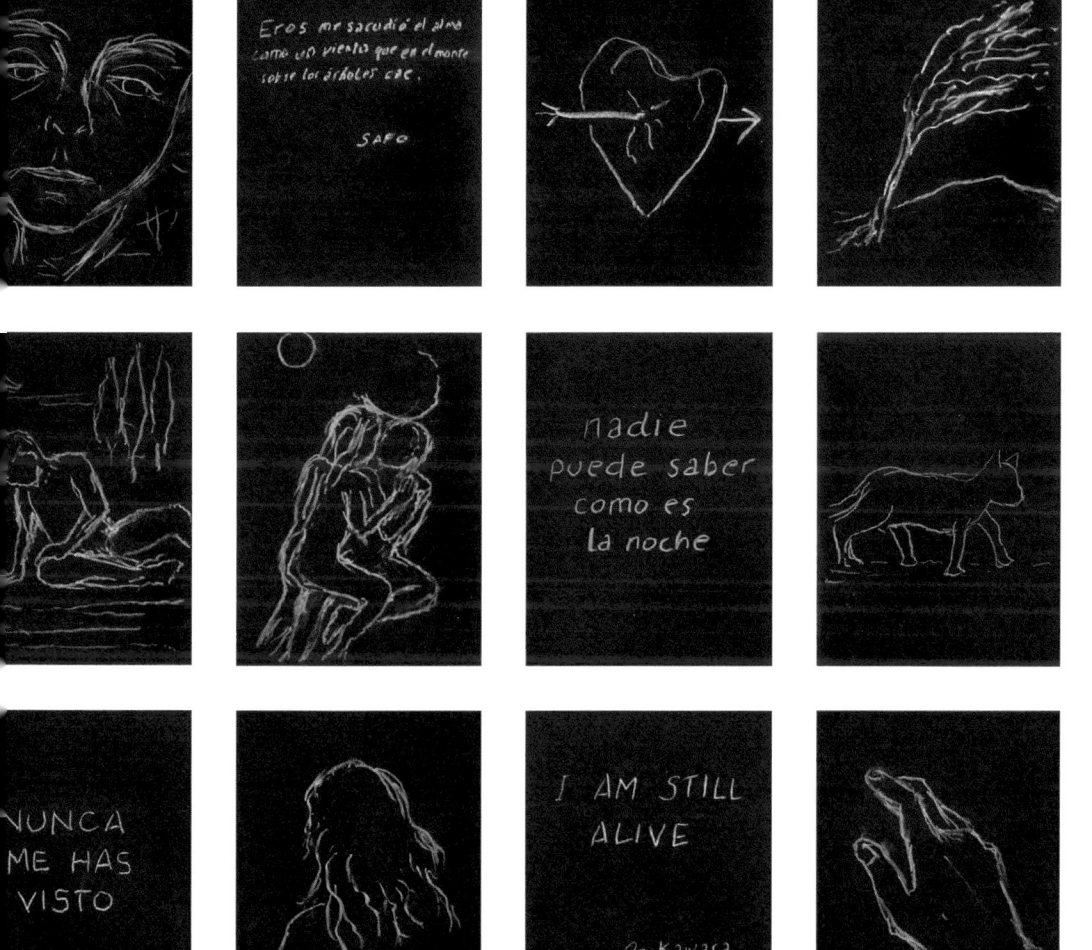

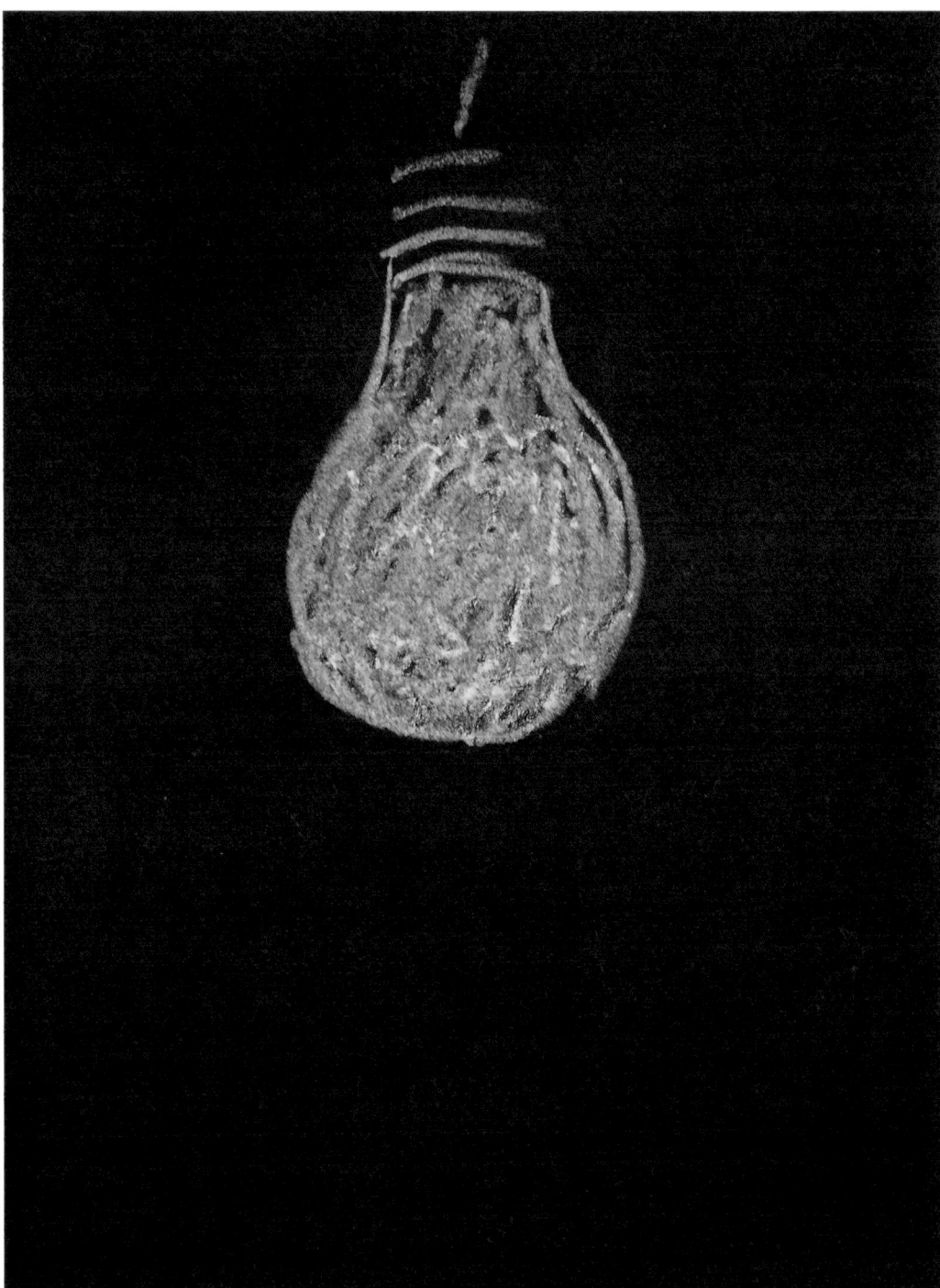

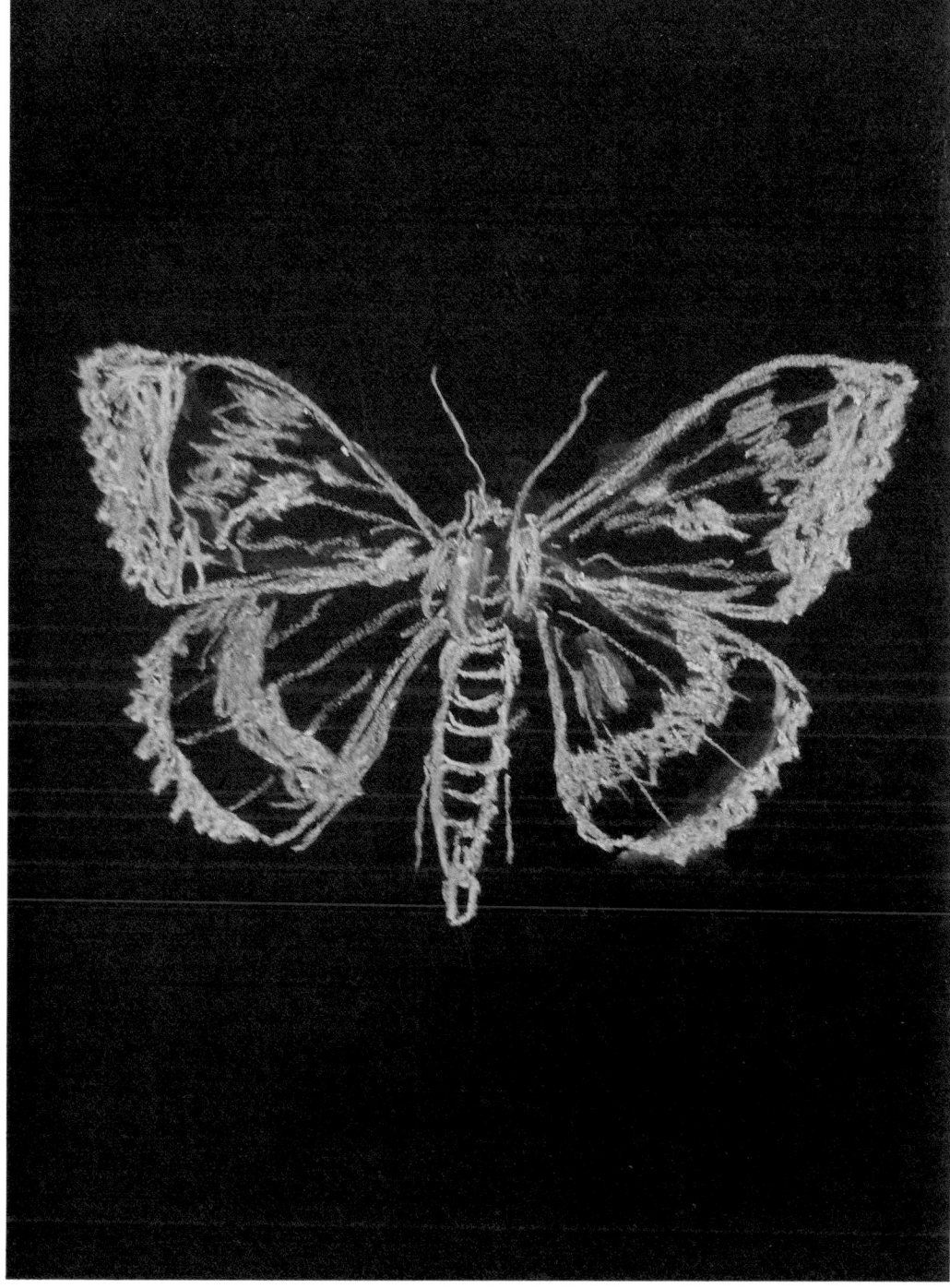

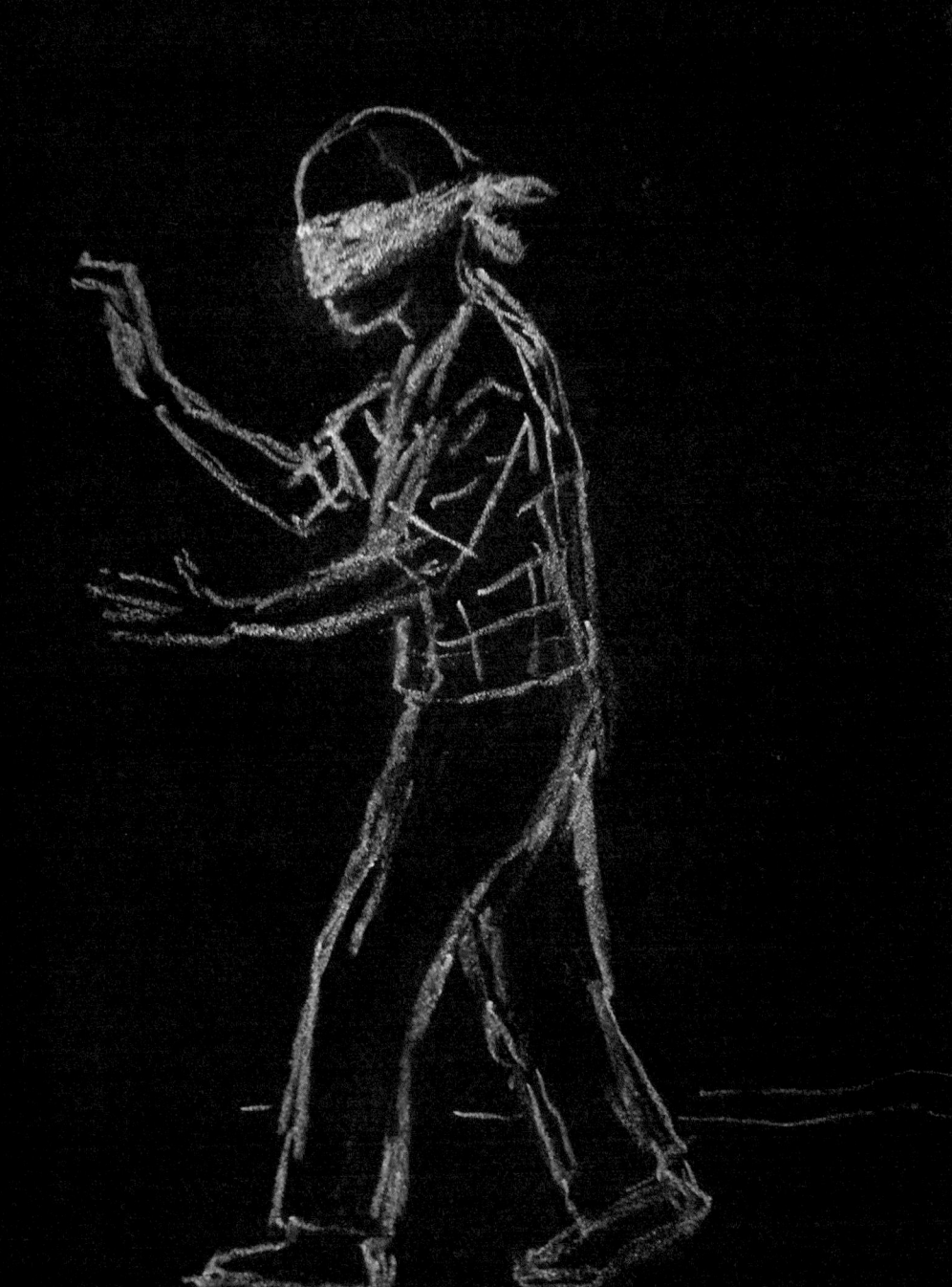

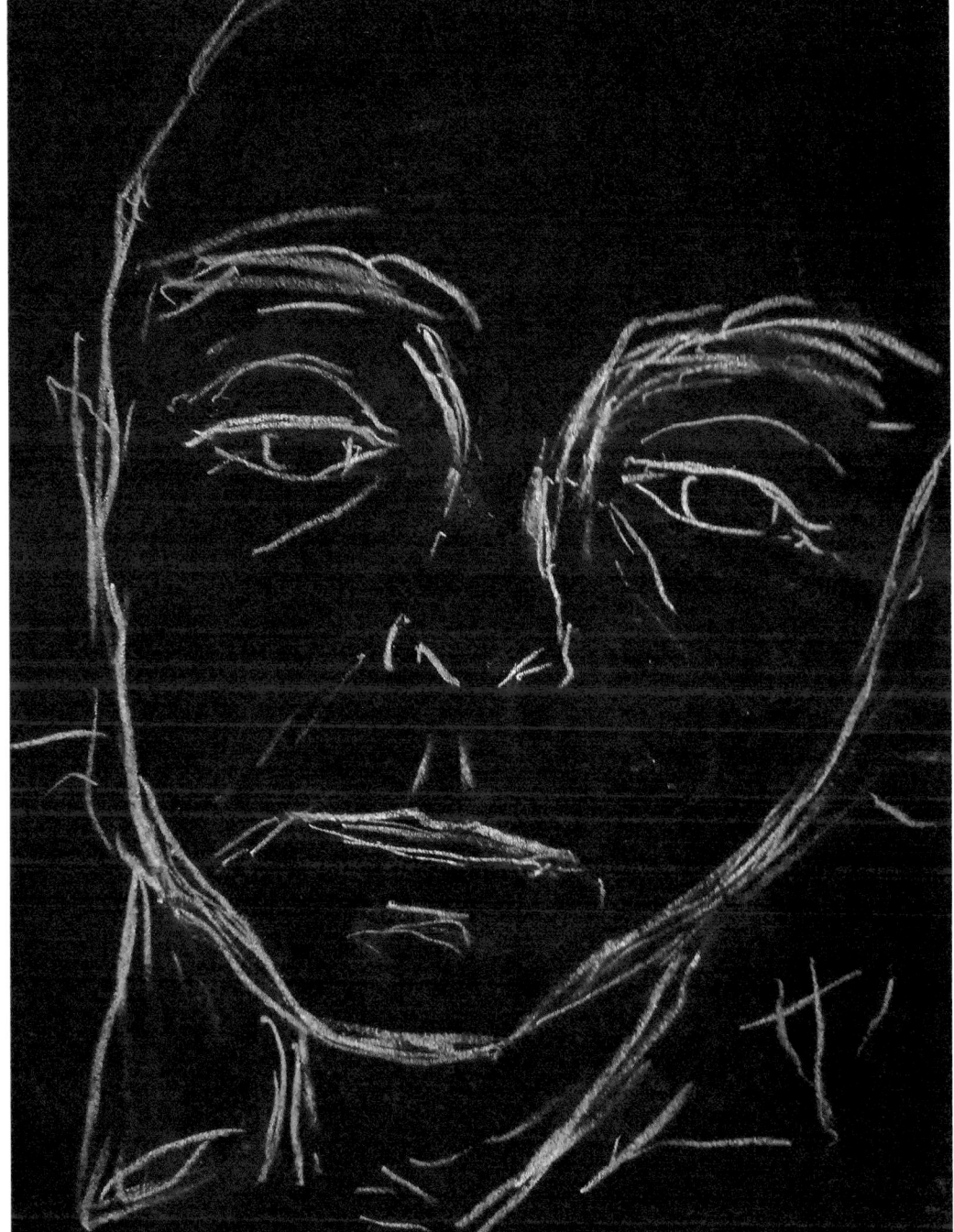

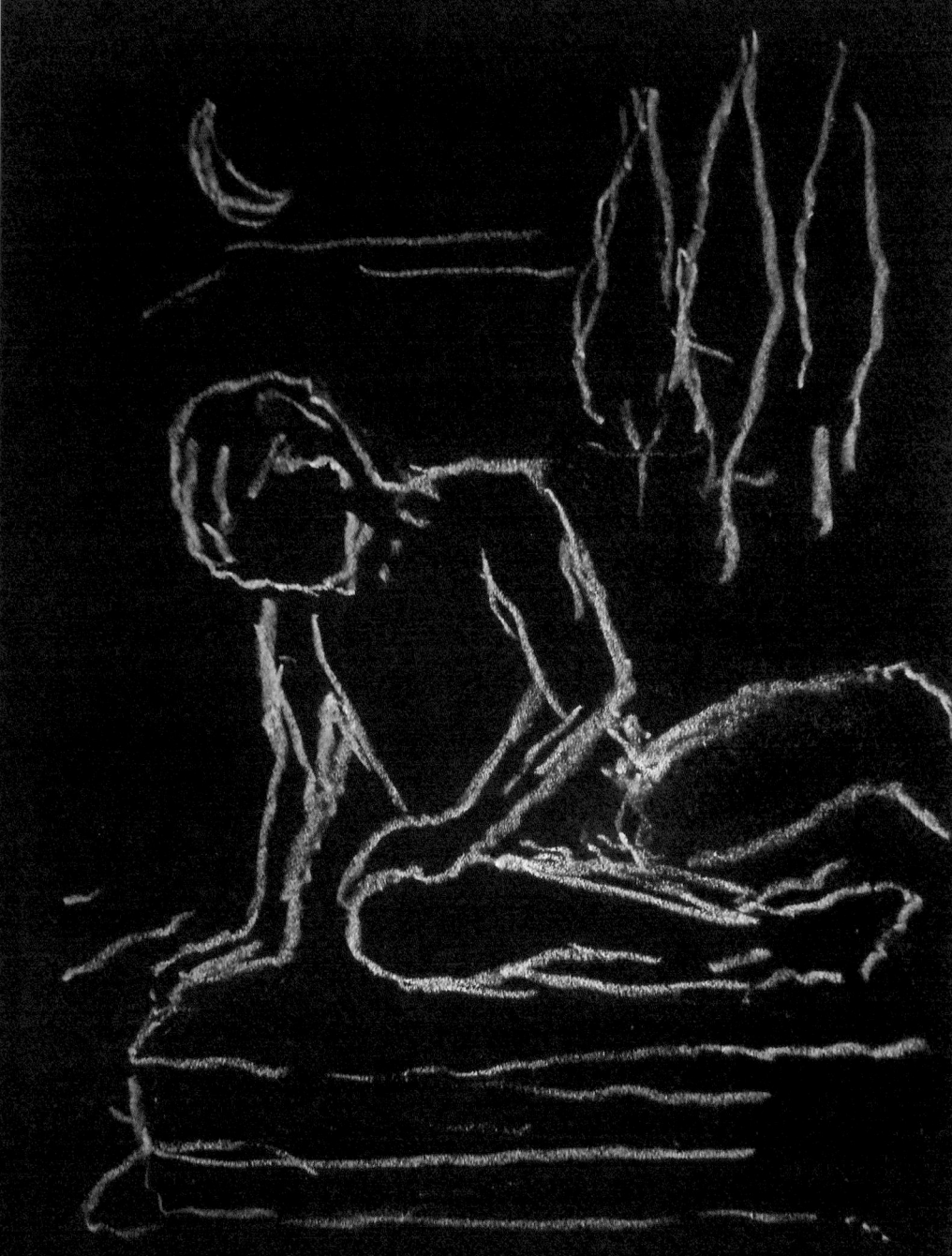

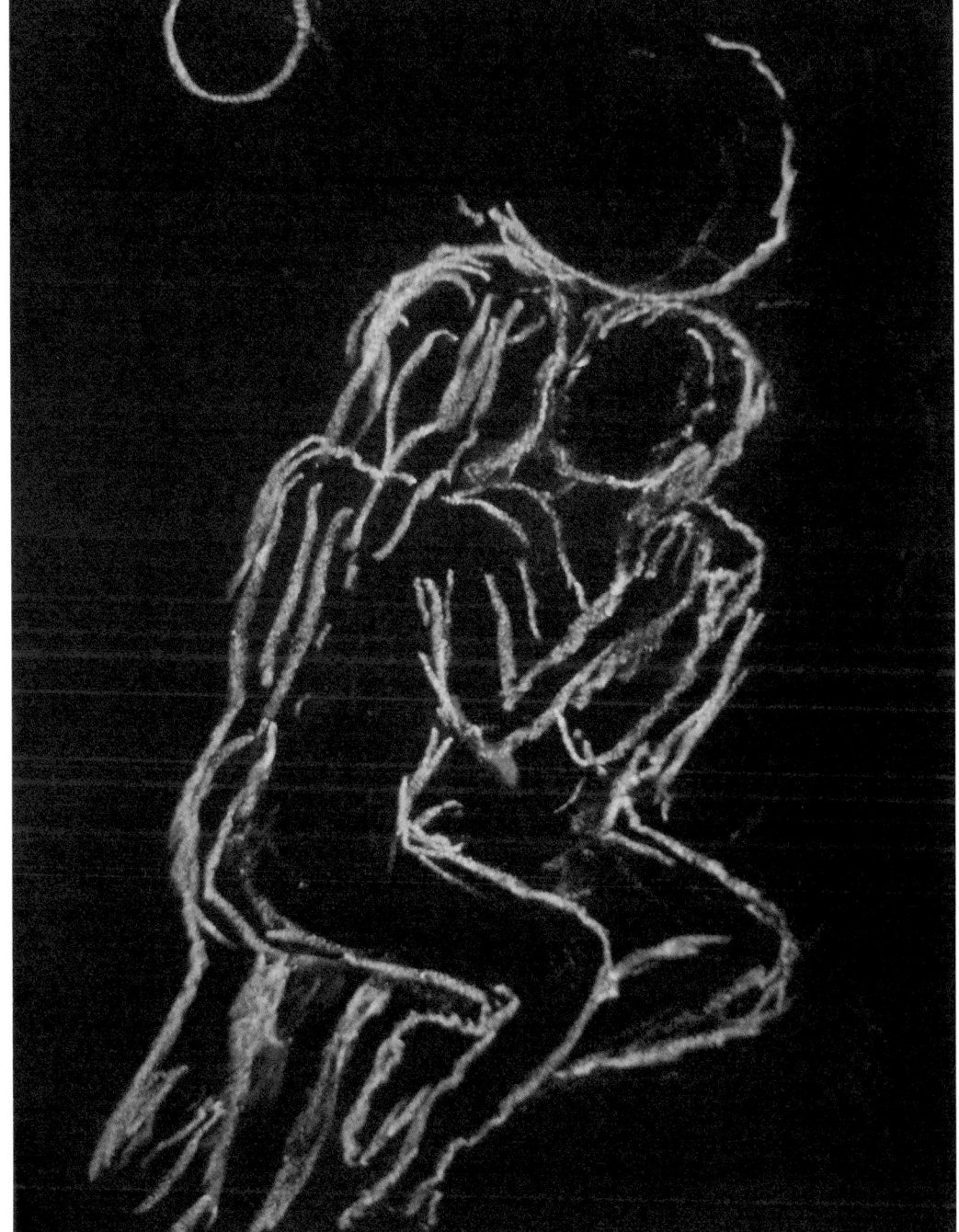

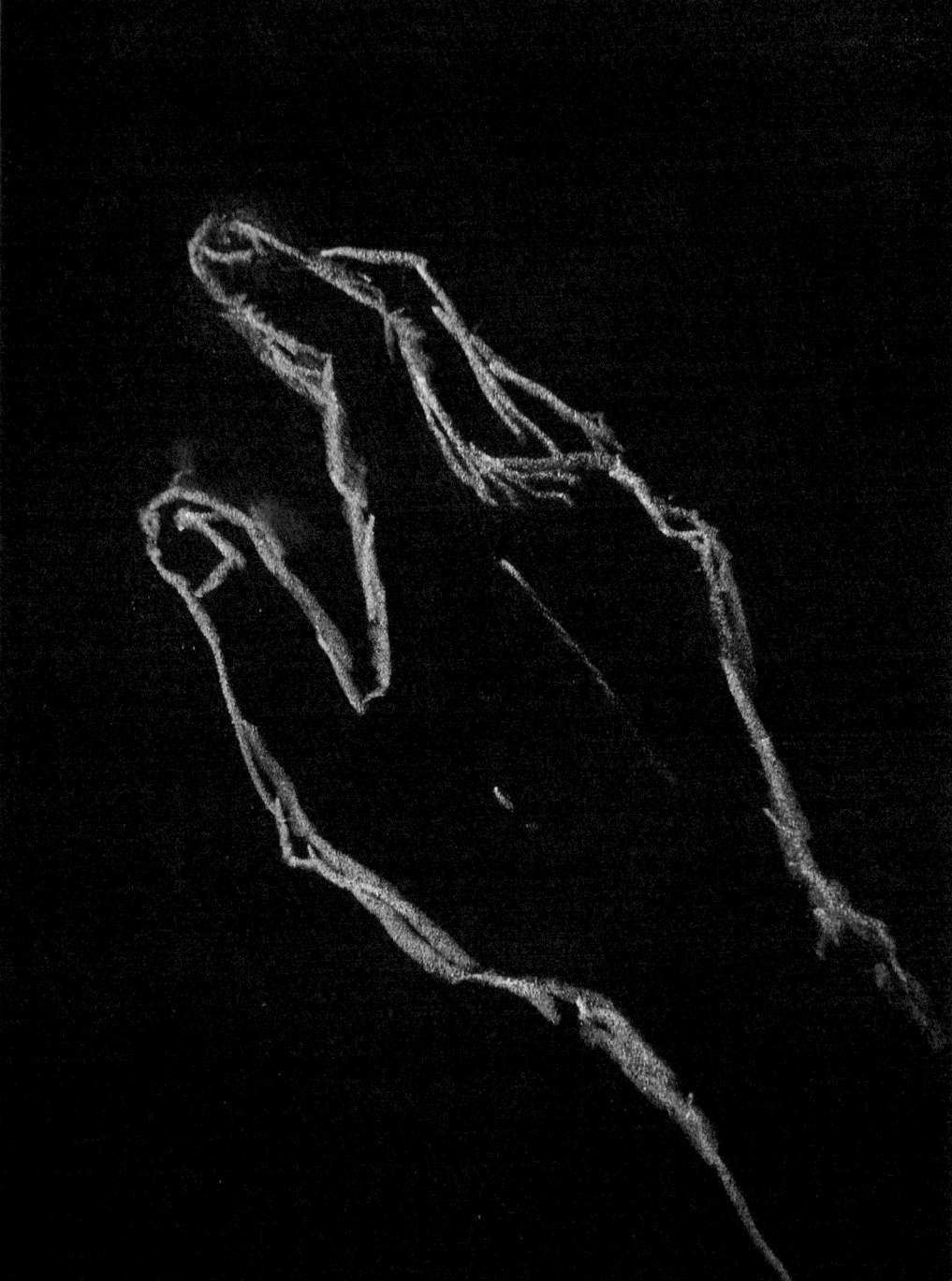

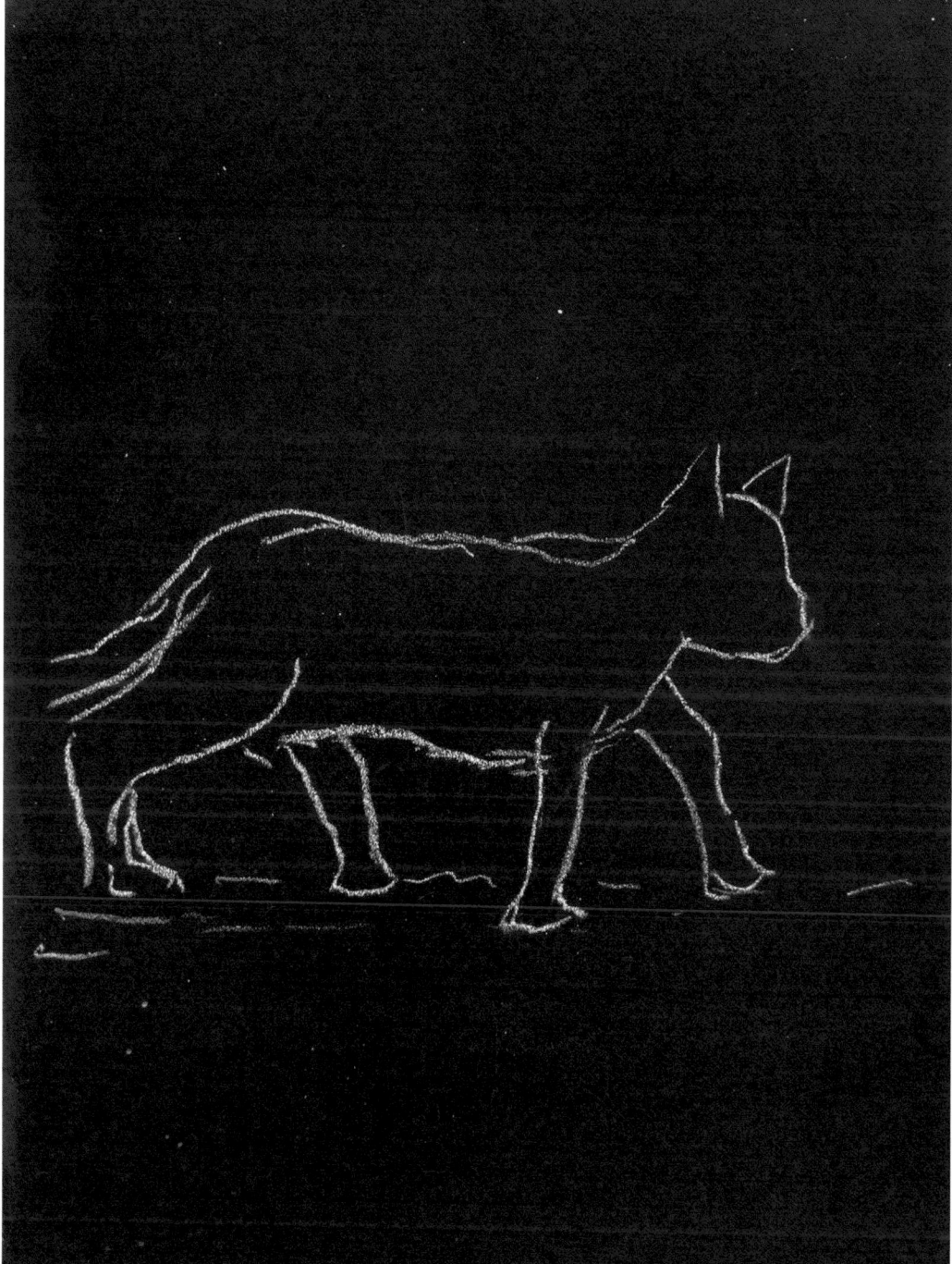

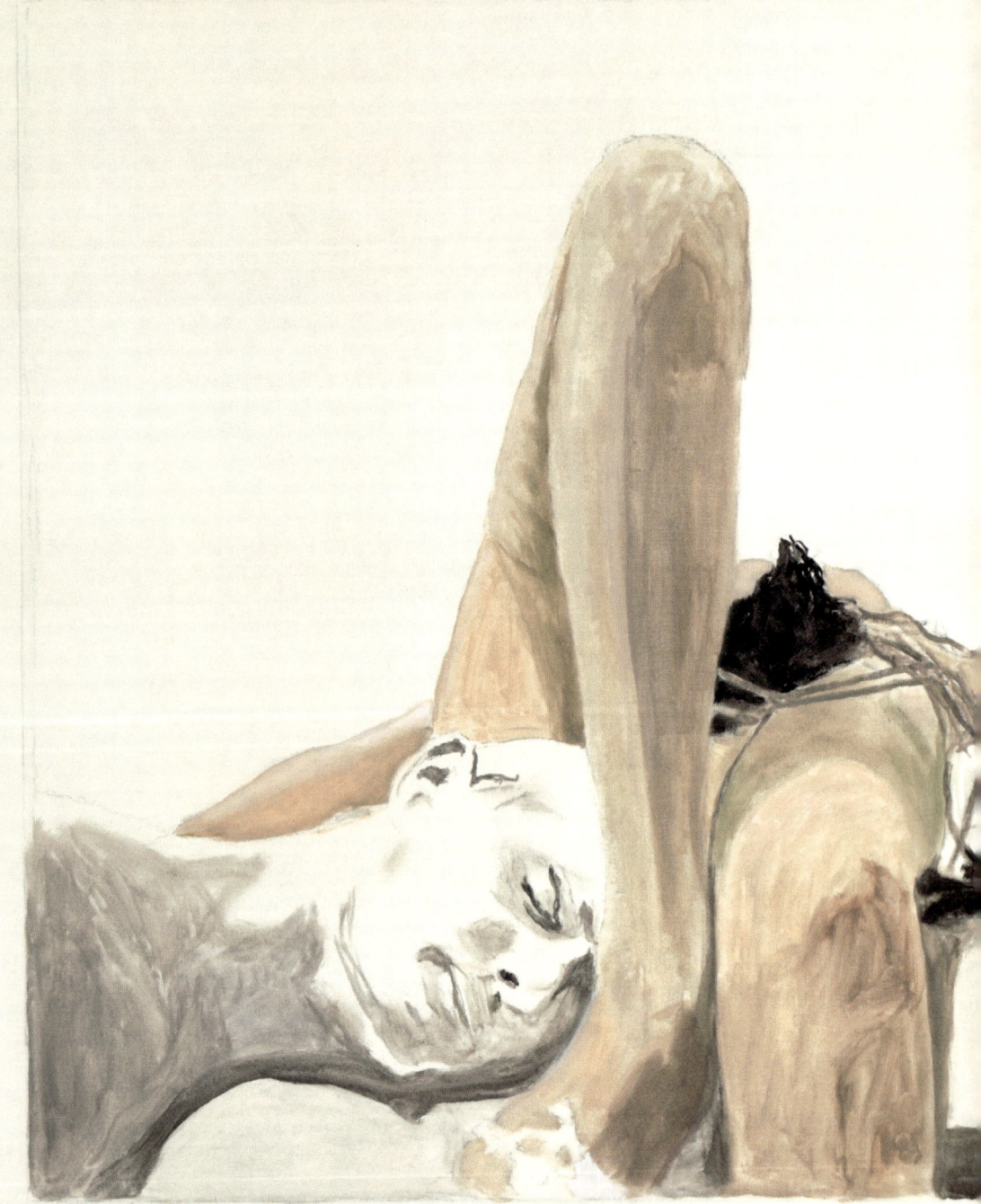

Después de Transfusión (1965) de Günter Brus.

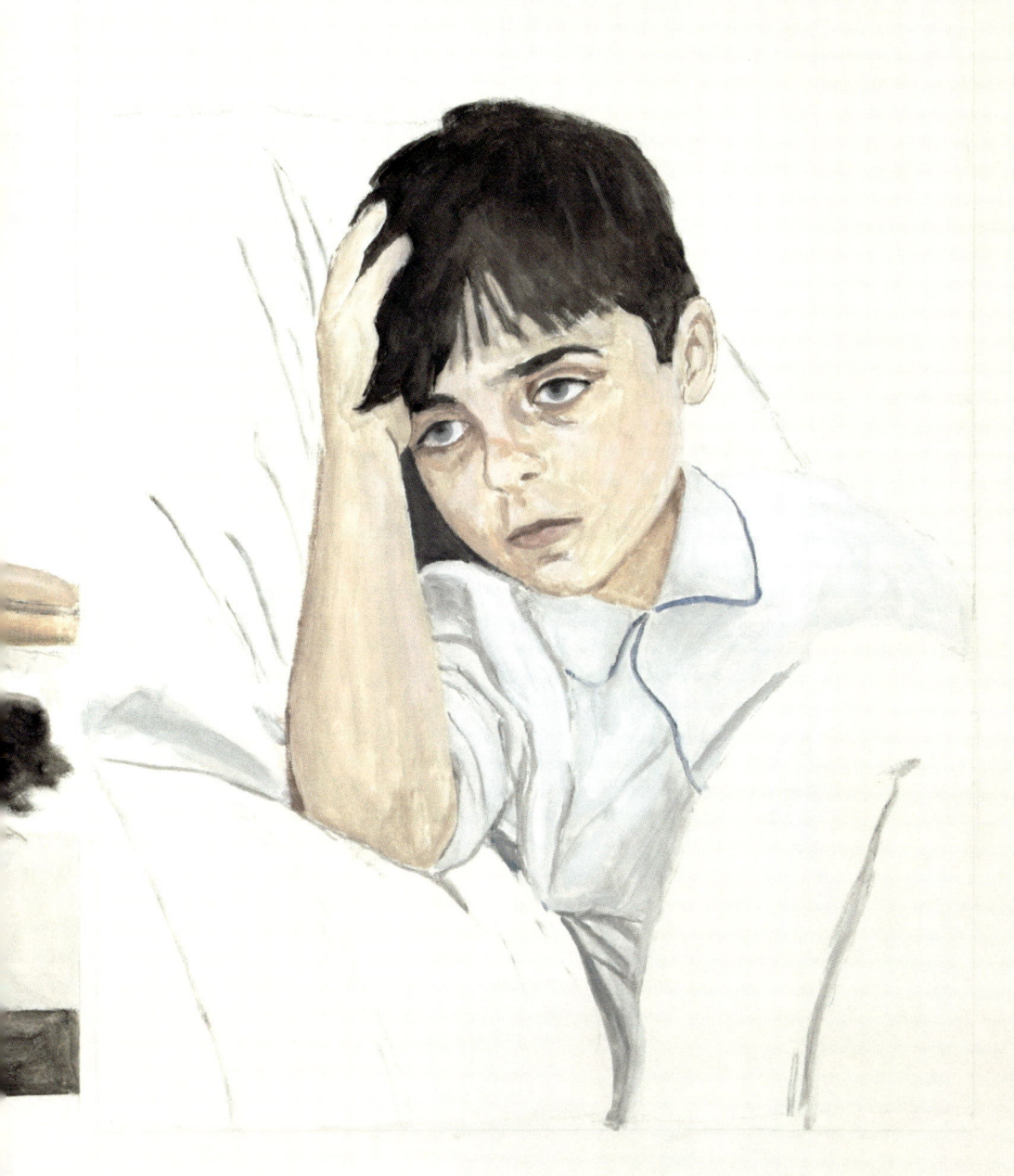

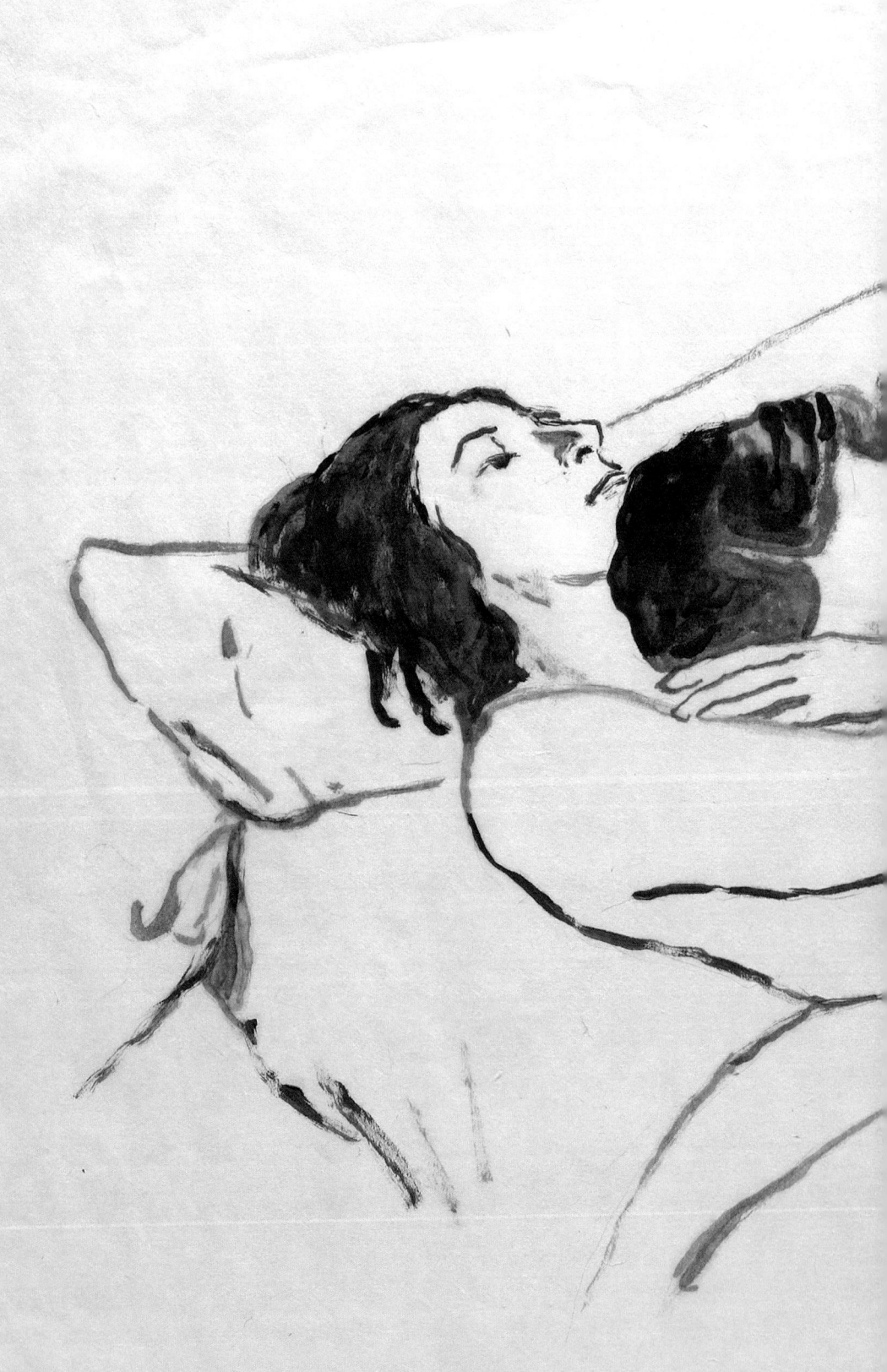

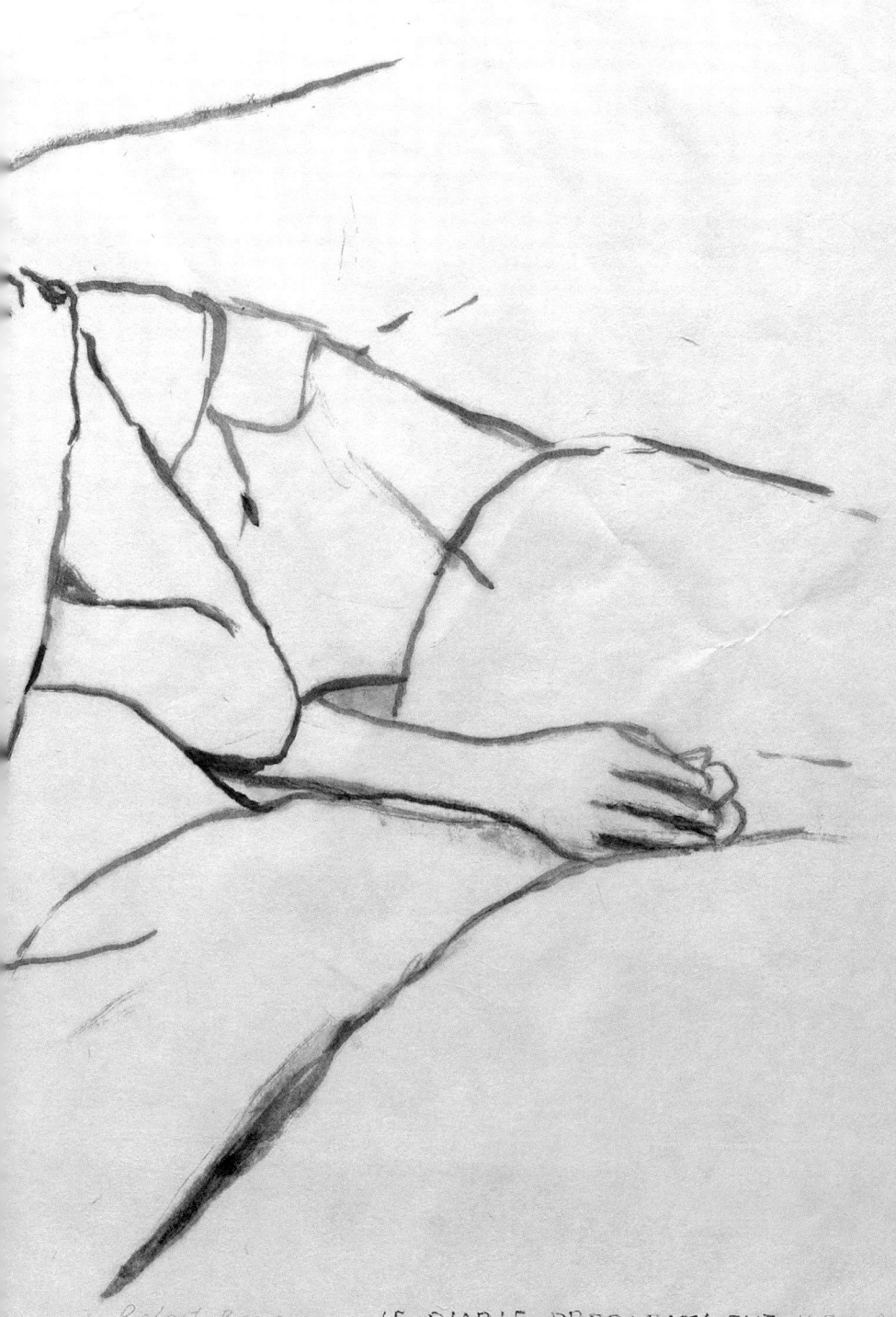

Robert Bresson   LE DIABLE PROBABLEMENT X·9·IV·24

imagine si ceci
un jour ceci
un beau jour
imagine
si un jour
un beau jour ceci
cessait
imagine

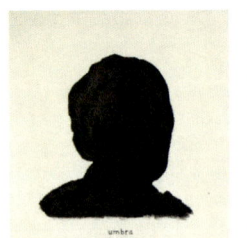

Umbra, 2019
Oli sobre llenç
41 x 39 cm

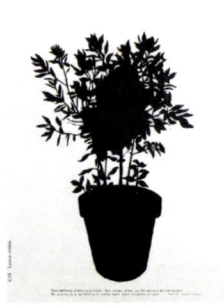

Laurus nobilis, 2020
Oli sobre llenç
130 x 97 cm
Col·lecció particular

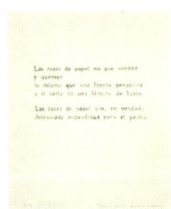 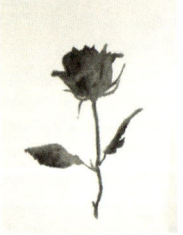

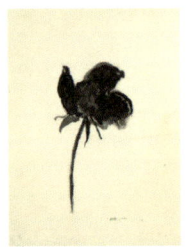 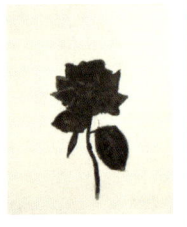

Canción final, 2021
Tinta i oli sobre paper
70 x 160 cm

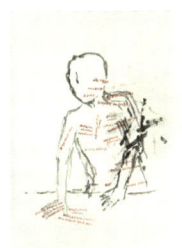 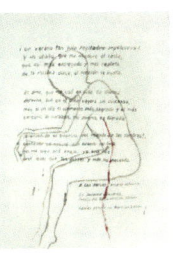 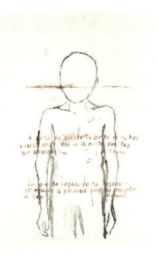

A las parcas, 2024
Tinta sobre paper
76 x 57 cm/cada element

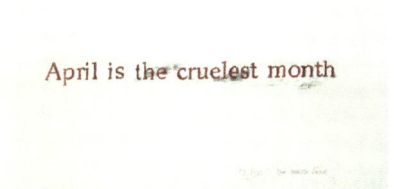

April is the cruelest month, 2024
Oli sobre llenç
27 x 46 cm

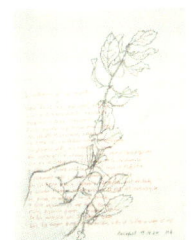 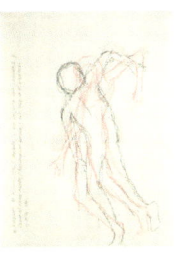 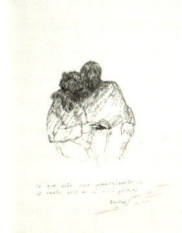

Diarios, abril 2024
Impressió sobre paper
33 x 25 cm/cada element

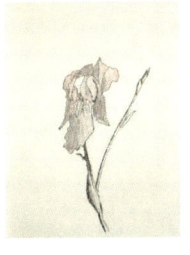 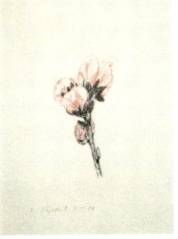

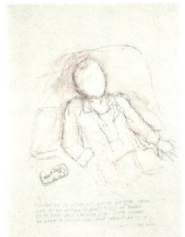 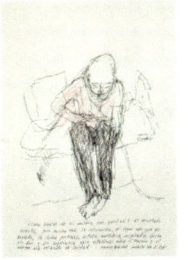

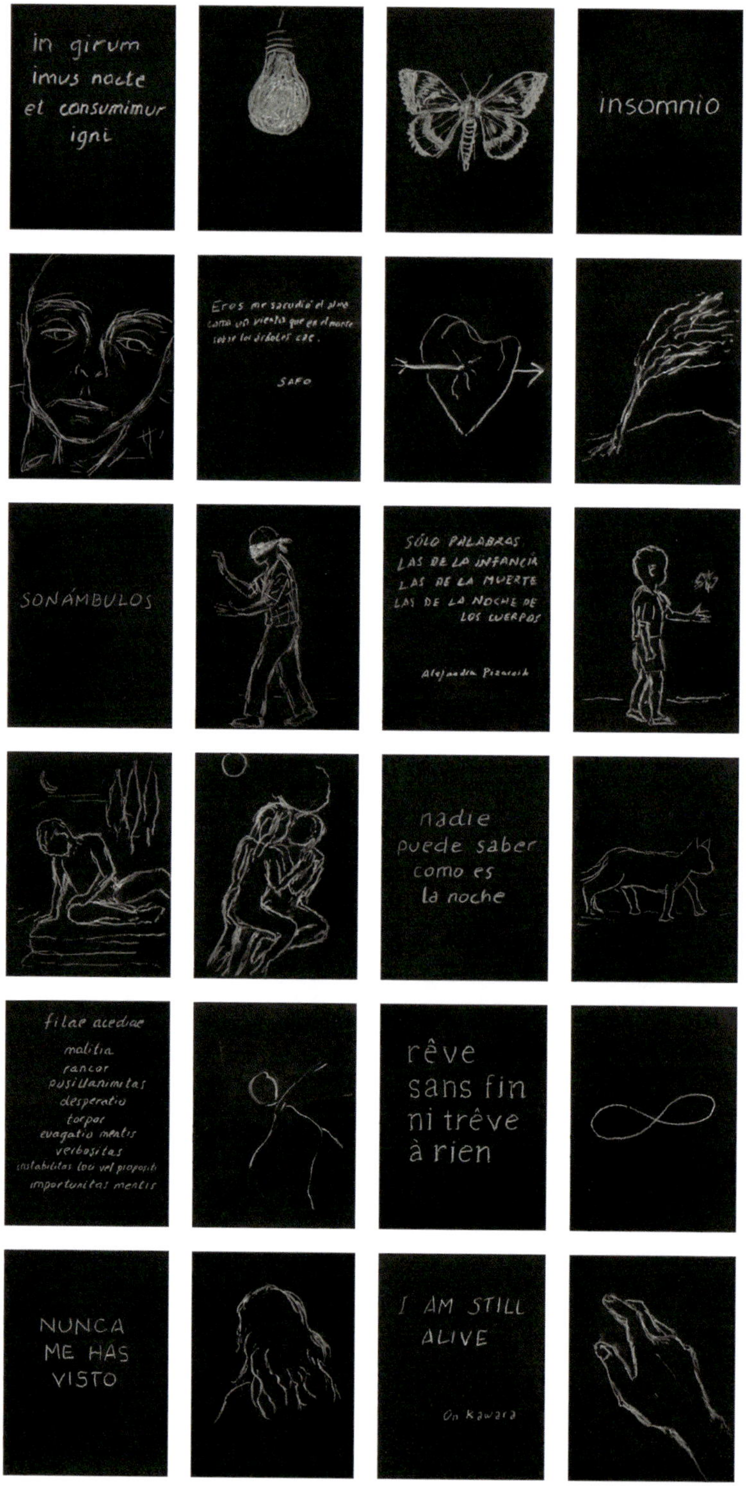

Nocturno, 2024
Impressió
sobre paper
33 x 25 cm/cada element

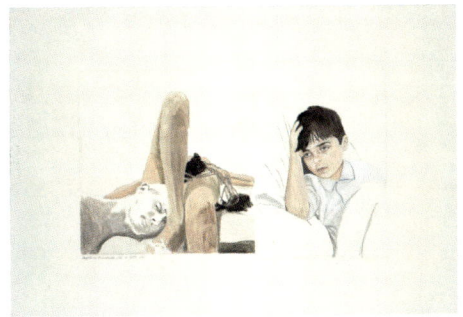

Transfusión, 2008
Oli sobre llenç
130 x 195 cm
Col·lecció Eduardo Soler

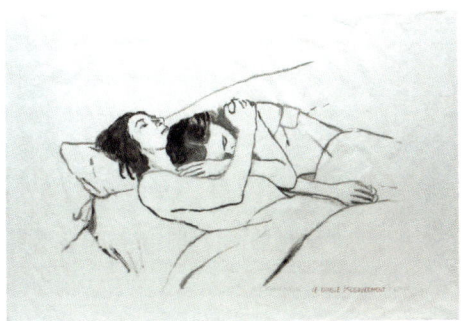

Le diable probablement, 2024
Oli i aquarel·la sobre paper
73 x 105 cm

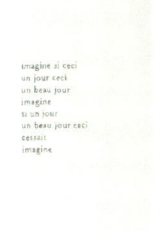

Imagine, 2018
Oli sobre llenç
73 x 50 cm

Nadie puede saber cómo es la noche.
Xisco Mensua

De 22 d'octubre de 2024
a 7 de gener de 2025

Centre Cultural La Nau
de la Universitat de València
/ Sala Oberta

Rectora de la Universitat de València
María Vicenta Mestre Escrivà

Vicerectora de Cultura i Societat
Ester Alba Pagán

ORGANITZA

Universitat de València
Servei de Cultura Universitària

Directora Servei
Adela Cortijo Talavera

Cap del Servei
Ana Bonmatí Alcántara

Cap d'Administració
Fernando Cebriá Ballester

Cap d'Exposicions
Norberto Piqueras Sánchez

EXPOSICIÓ

Comissariat
Nicolás Sánchez Durá

Coordinació
Manuel Martínez Tórtola

Gestió administrativa
Olga Ibáñez Hervás
Rebeca Marz González

Comunicació
Magda Ruiz Brox
Nuria García Cebrià

Muntatge i transport
Art i Clar

Assistència en sala
Sedena SL

CATÀLEG

Edita
Universitat de València
Servei de Cultura Universitària

Textos
Nicolás Sánchez Durá

Coordinació
Nicolás Sánchez Durá
Manuel Martínez Tórtola

Disseny i maquetació
Pau Soriano
ADA

Traduccions i correccions
Antoni Domènech

Fotografia
Eduardo Alapont

Retoc fotogràfic
Estudio Paco Mora

Impressió
La Imprenta CG

D. L.: V-3468-2024
ISBN: 978-84-9133-719-5

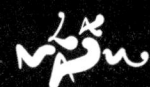